요절시인 시전집 시리즈 제7권

빗발 속의 어둠

김 용 직 시집

- 이승하 · 우대식 편 -

새미

이 시집을 내면서

  이 땅에는 이른 나이에 세상을 떴다는 이유로 문학사의 뒤안길로 사라진 시인들이 있다. 한때 '천재'라고까지 일컬어지며 시를 썼지만 이들은 불치의 병으로, 불의의 사고로, 혹은 생활고를 비관하여 음독자살로 생을 서둘러 마감했다. 뛰어난 시를 썼음에도 불구하고 이들 시인 모두 요절했다는 이유로 '묻혀버린 시인', '잊혀진 시인'이 되고 만 것은 참으로 안타까운 일이다. 우리가 이 전집을 기획하면서 세운 기준은 다음 세 가지이다.

  요절한 시인 가운데 시인으로서의 역량이 출중하여, 잊혀졌다는 사실이 안타까운 시인만을 대상으로 한다.
  시집을 손쉽게 구할 수 있는 시인은 대상에서 제외한다.
  가능한 한 유가족에게 연락을 하여 그간 시집에조차 실리지 못한 작품도 수록, 완벽한 전집이 되게 한다.

○ ● ○ ● ○ ● ○ ● ○ ● ○ ● ○ ● ○ ●

 일찍 세상을 떴다는 것만 해도 억울한 일일 터인데 이들 시인은 지금껏 문단의 조명을 받은 바 없다. 학계의 연구 대상이 된 적도 거의 없으며, 독자의 사랑을 받은 적도 없다. 지인들의 회고담은 남아 있지만 석·박사 논문의 대상이 된 시인도 이중에는 거의 없다. 살아가기가 팍팍했던 시절에 일찍 세상을 등진 이들을 위해 초혼제를 올리는 심정으로 시전집을 낸다.

 시인의 유시집과 유고를 수소문하여 찾아내고, 유가족을 만나고, 주변 친구와 친지들을 만나는 과정에서 만난 많은 분들에게 머리 숙여 감사드린다. 문학사와 문단사를 온전히 기술하기 위해 빠져서는 안 될 시인만을 엄선했다고 우리는 자부한다. 우리 문학사의 뒤안길로 사라진 이들 시인을 제자리로 돌려세우는 우리의 노력은 앞으로도 계속될 것이다.

 김용직 시인은 1975년, 30세의 젊은 나이로 지병인 간경

화중과 투병하다 이화여대 부속병원에서 짧은 생을 마쳤다. 1983년에 민족문화사에 나온 유고시집은 희귀본 시집에 속한다. 이에 이 시집에 실려 있는 17편의 시는 물론 권달웅·박시교·신현정·윤석산의 추도사와 유승우의 해설까지 이번에 새롭게 내는 시전집에 전부 싣기로 했다. 허가도 안 받고 재수록을 하지만 이분들 모두 옛 친구의 시집이 세상의 빛을 다시 보는 일이므로 흔쾌히 동의하리라고 생각한다. 애석하게도 유가족 분들과는 연락이 닿지 못했다. 유가족을 찾지 못해 출판 도서 일정분을 한양대와 현대시학사에 기증하고, 아직 김용직 시인을 기억하고 계신 분들과 이 시집을 나누어 볼 예정이다. 해설을 써주신 이재복 교수는 한양대학교 국문학과 후배가 되는 분이므로 의의가 더욱 크다고 할 수 있을 것이다. 감사의 인사를 드린다.

이승하·우대식

차 례

빗발 속의 어둠

통로	⋯ 11
한때의 폭우 속에서	⋯ 15
음성	⋯ 18
병동	⋯ 20
변신하는 하늘	⋯ 24
겨울 폭우	⋯ 28
커튼에 갇혀	⋯ 32
눈	⋯ 34
빗발 속의 어둠	⋯ 36
수확하는 손	⋯ 38
두 개의 추상	⋯ 39
빗발 속의 거울	⋯ 41
투신	⋯ 43
바다	⋯ 45
내실	⋯ 47
램프	⋯ 50

두 개의 햇살 ··· 52

| 추도사

우시장 언저리/권달웅 ··· 55
두 개의 햇살/박시교 ··· 59
젊은 시인의 죽음/윤석산 ··· 63
아직도 마장동 소의 울음 쟁쟁한데/
　신현정 ··· 66

| 해설

밤바다의 물결 소리/유승우 ··· 73
찢긴 바다와 환각의 언어/이재복 ··· 83

연 보　　　　　　　　　　　/ 101
참고서지　　　　　　　　　　/ 102

빗발 속의 어둠

통로

1
우리들의 통로를
빠져나오는 사내
아내의 팔목에 얹히는
썰렁한 바람.
흔들리는 옷자락에
공복은 파고들어
빈 찻종지에서 사내는
유사流砂처럼 흩어지는
불빛에
무기력을 되새김질하며
쏟아지는 분수에서
의지로 향하던 얼굴을 씻는 손가락은
불빛을 안고 번득였어.
그때
우리들이 은화를 잃어버린
골목 하수구마다
어둠은 기어나와 까칠한 사내의

어깨에 얹힐 때
분노의 씨앗을 떨치는 것을
그리곤 이내 휘청이는 걸음으로
빙판을 밟으며
밤으로 걸어오는
사내를

2
머리칼마다
머리끝서부터 발끝까지
미끄러져 나가는
사유의 갈대밭엔
떨어지는 별빛을
하나씩 끌어가는
시간의 갈퀴.
산탄散彈처럼 몰려오는
검은 구름은
하늘을 덮는데

잠구석을 쏘아대는
쥐떼들의 분주함에
뒤집힐 듯 뒤집힐 듯 펄럭이던
사내의 외출에서
번민의 손때 묻은 열쇠가 던져졌어.
그때
골목에 흐르는 어둠의 물소리가
귀를 씻고
사내의 관절마다에선
새떼들이 날았어.
불꽃 같은 울음
사내의
늘어진 흰 팔목들
의식의 야광충을 밝히고
퍼붓는 눈살에
색실을 늘인
손엔
쏟아져 나오는 활기가 퍼졌어.

3
탑쇄塔鎖의 울림이
한 풀씩 꺼풀을 베끼는 미명의 어둠에
시린 손을 불며
아궁이마다 삭정이를 밀어 넣고
굴뚝 끝에서 새벽 연기는 피어오르고
전신을 덮었던 어둠이
걷혀갈 때
우리들의 통로를 사내는
빠져나갔지요.

한때의 폭우 속에서

교회당 꼭대기의 십자가가 젖어 내릴 때
거북살스런 까아만 넥타이를 매고
서성이는 내 발목들의

가물거리는 회중전등을 치켜들고
물기 젖은 머리칼을 쥐어뜯을 때
마다

깊은 난간을 디뎌 가는 소릴 듣는다
문마다 잠기어
어둔 현관 층계에서
또 하나 나를 밝히는 은박에
가슴을 쓸어내린다

흑빛 혈액에 가득히 묻어나는 아픔 속에
교회당 꼭대기의 십자가가 축축이 젖어 내릴 때
문을 두드리며 서성이던
내 깊은 발자욱을 본다

폭우 속의 유리창을
소녀는 닦고 있으며
아침의 하이얀 식탁에서
나는 발견했다
잃어버렸던 유치幼齒를
퀭한 눈 구석 깊숙이 햇살은 비치고
유치는 서걱이는 청결한 음계를
디뎌 가고

목욕탕에서 갓 나온 여인의 머리채의
수목樹木에
사유의 새들은 보금자리를 펴
나는 건강한 아침을 양치질한다

입안 가득히 차는 순은純銀에
어제의 가슴을 수건으로 문지르면
거울 속에서

나는 본 것이다

순수의 씨를 물고
아침의 빗장을 제끼는
나의 새떼들을…….

음성

캄캄한 날들이 커튼을 들치며
불 밝힌다
얼었던 바다가
일시에 풀리고
시린 바람에도 번득이는 어안魚眼,
내 깊은 심층深層을 누르던
불면의 벽이 무너질 때
의지 밖에서 귓바퀴가 울고,
내 목소리가 닿지 않는
거울 속
바람을 짜 올리는
숲의 흔들림
발을 헹군 새들이 나른다
잃어버린 시력을 건져내며
이마에 램프를 얹고
펄럭이는 커튼,
길게 끌리는 커튼을, 헤집던
어느 손이 떠나고 있다

오늘만은
겨우내 금이 간
귀 씻는 손이 있다.

병동

1
겹겹이 드리워진
빛바랜 커튼을 걷어 올리고
부드러운 당신의 손에 쥐어진
나는
햇살을 더듬어요. 날마다
거즈에 잠긴 주사기에
피를 묻혀내면서
식어가는 심장을 맞비비며
일기예보에 귀기울인 피어나는 국화송이
낯 모르는 이웃끼리
조금씩 회복되는 건강을 걱정하며
영양제나 야생화를 주고받는 우리는
머리맡에서 몸살 앓는 바람
그 유연 속으로 내려가면서
사과 내음을 실어오곤 했어요. 때론
머리칼을 흩날리며
건강한 바다에서 돌아온

파도들을 껴안으면서
가을이면 과원果園으로 가는 붉은
팔을 생각했어요
징검다리를 건너뛰면서도 쉽게 익힌
휘파람으로 다가오는

2
그 푸른 들판
그게 아닐 텐데도
동상凍傷의 발등을 터치는 수목樹木
거울을 보곤 했어요
끝내 암운暗雲을 띠는
금이 간 팔목들이
깁스한 팔목들이
젖은 창을 두드릴 때
위독을 알리는 청진기에
겨울 안개가 서리고
별다른 회복도 없는

우리들이
잘 닦인 안경 앞에
온 몸통을 맡긴 오늘은
낮게낮게 주저앉는 하늘
어둡게 침식되는
나의 시간을 본
저녁이었습니다

3
몇 개의 겨울 연료를 들고
그물코마다 욕망을 채워놓은 어부들은
바다로 나가고
나의 잠 속에 남아 있는
찢긴 바다를
어부의 홍소를
아직은 살아남은 사람끼리 이야기했어요 때때로
침대 위에 누운 죽음을 바라보고
서로의 체온을 소중하게 간직한

손과 손

신열身熱로 뒤집힌 우리는

통로를 밟고 오는

에테르 냄새를 털어내며

따뜻한 눈을 주고받으면서

허구처럼 먼지 낀 회로를 돌아간

영구차를 불러보기도 했어요

허나 그대들이여

메아리도 없는 저 벽으로부터

끝끝내 돌아오지 못할

이 경사의 시간,

어둠이 가장 깊게 꾸겨진

이 병상에서

식어가는 심장을 안고

수염뿐인 얼굴이 있습니다

기다리는 내가 있습니다

변신하는 하늘

1
회오리치는 바람 속
내가 맴을 돌 때
날아가는 매미, 하늘은 깊게 떨고
별들이 무너지며

램프가 꺼지고 뒤채는 바다에서
탄화炭化되는 얼굴이여
컴컴하게 죽어 넘어지는 방풍림의
허리를 안고 내가 쓰러진다

2
돌막새에 이마를 끼우고
소금을 뒤집어쓴
바다로
억척스레 달려드는 풀벌레여
떠돌던 갈매기도
마지막 잎새도 져버린

어둠의
빈 하늘을 보아라

3
나의 다리가
쥐덫 튀는 소리로 흔들리고
비린내로 모여드는
쥐떼들 속
피를 피로 볼 수 없는
어둠에 쥐덫은 튀어오르고
말 한마디 없었건만
불시에 찢어지는 장막을
바람이 소리칠 때
내가 비틀거린 채
피내음으로 휘감긴다

4
쉽게 부서져 갔다
레이찰스의 외침과 단단히 벼른
칼날 퍼렇게 살아나던 바다가 돌아눕고
야광夜光에서 끄집어낸
시간이 소용돌이 칠 때
몸 비벼대는 정원에서 누가
피를 쏟는가 난파당한 머리를 들고
변신하는 하늘

바라볼 아무 것도 없는 지금
나는 갈 것인가
별이 죽어 떨어진
저
들녘으로

황토를 져다 부리는
엄마, 엄마의 등에

꺼졌다 살아나는 무명옷에
쌓이지 않는 빗줄기의
그 강가에서 씻어도
씻어도 씻기지 않는
나의 그림자여
달아나고 쫓아가던
나는
찬물만 마시고
빗줄기를 헤집는다

겨울 폭우

1
하늘이 뒤집히고, 대낮이 뒤챈다.
완강하게 소리치는 보이지 않는 힘
끝끝내 내가 가진 햇살이 식을 때
어디론가 끌려가던 머리칼을 씻으며
누가 내게 속삭인다. 안심해
안심하라고.
청과상회 앞 신호등 속에서 깊게 아린
12월의 어둔 대낮이
링거에 매달린다.
파괴된 벽을 끌어안고
내리꽂히는 빗발 속
피 흘리던 아이들이 '위독'을 알리며
청진기를 뒤집어놓는다.
마침내 내가 보고 온 해안에
등대마저 꺼진
어두운 이 시간에
들것에 실려 내가 간다.

심청전을 외운다던 그녀가
세우는 은빛 바늘.
새벽은 저 견고한 어둠을
뚫을 것인가.
천둥 속에서 죽어 떨어져
내 이마에 얹히는 새떼들은
다시 날아오를 것인가.
표백된 이마를 뜨겁게 비비며
안심해, 안심하라고 하는
그녀의 목소리로.

2
내벽內壁에 서리 낀 바람이 에테르를 끼얹는
12월 그믐밤.

모래를 게우며 썰물이 피는 해안에
메스를 든 사람들이 온다.
익사한 어부들의 팔목.

그 완강한 힘을 보고
나는 무릎을 꿇고 모든
빛이 달아난다.
햇살을 옮겨 놓은 그물코마다
소멸의 깊이로 빠지는 머리칼이
사나운 바람 속에서 잃어버린
시간을 찾는다.
그때, 푸른 종이가 어둠에 끌려간 자리에
유년의 풀 센 옷들을 입고
노엽게 번득이는 안경알이
깃털 뜯긴 새떼들의
잠을 돌아올 때
끝끝내 갯벌뿐인
바다를 내가 바라보면

치부를 들치던 차거운 손이
메스를 든다.
밤새도록 해안에 남긴 그림자가 피를 흘리고

억센 빗발로
한겨울 내 내리는 채찍 소리에
나는
빈 머리로 일어난다.
얼어붙은 12월 그믐밤을 붙들고.

커튼에 갇혀

오후의 늪을 건너온 어둠에 내 방은
어둡게 펄럭이는 커튼으로 갇힌다.

목쉰 소리로 살아가는
저 벽들의 함성.

기린 목만큼 길어지는 사념의 풀밭에 서러운 달빛이 서걱인다.
   성대를 가다듬는
   나의 염원
   나의 소망
   흔들리는 달빛 속에
   내가 펄럭인다.

   빈 방안에서
   밤 내 새떼는 날아가고
   내 입에선 좌절이 끈적이고
   아침을 향하여

나는 고리를 제껴야 한다고
발돋움 발돋움한다.

눈

눈 내리는 벌판으로 너는
내게로 왔다
사납게 굴절하는 너의
눈에
썩
썩
잘려 나갔다
어둠은
나의 모든 것을 담고
나의 짙은 어둠을
헤치고 있었다
적당한 거리를 두고
빛살을 옮겨놓은
너의 몸짓
내가 몇 번이고 바라보았을 때
허리로 펴 든 온실의
꽃은 꽃끼리 등 비비는
몸살을 앓아

차겁게 식어가는 시간
눈 내리는 벌판은
가고 있었다
너의 파리한 입술과 함께

빗발 속의 어둠

그믐밤의 바다가 열리고
바람이 사납게 소리친다

누기를 삼키는 문들이 삐걱이고
단단한 사방 벽으로
신경의 뿌리가 기어오른다

습기 찬 거울이
보이지 않는 시간에
금이 갈 때
저녁내 쌓이는 차가운 빗발
아우성치는 풍경의 몸 비빔 속
길들이 떨며 게워낸 축축한
장송의 바람이
이마를 구기며 헤맨다

그때
번득이는 예감들이

내 귀를 끌고
네 개의 커튼이 깊게 넘치는 환경
맑은 조약돌로 씻기는
시간을 잃고
바다를 훑는 해풍에
매몰되어 가는 어둔 팔목으로
밤의 신경을 나꿔챈다

오오 우기의 속살에 못을 치며
누가 우는가
누가 우는가
소리 지르는 풍경이
기일게 길게 젖고
길고 무거운 빗방울에 잠긴
빈 방에서
혼자 펄럭이고 있다

수확하는 손

가을 벌판을 거둬들인 손들이
별빛을 닦아내는 이슬에 스며들 때
형님은
쭉 뻗었다. 다리를
그리고 한 줄기 연기는 알맞게 피어올랐다.
푸르름으로 광란하던
저 달아오른 길에
종은 울려
우리가 알게 되는
이
온화한 뜰 안
한 장의 낙엽으로
가을은 지는가
베옷 구겨지는 소리로
우리는,
사라져가는 파도를 바라보다가
형님의 발목을 덮던
손을 거둔다.

두 개의 추상

에테르가 풀리고
바람이 매암을 돈다

내 곁에서 풀어내는
밤바람에
커튼은 구겨진다

낮고 컴컴한 시간에 갇혀
시린 가위들이 번득이고.

보이지 않는 여자들이
나를 깊은 어둠으로
떠민다 깊이 아린
내 속살을
맑디맑은 손이 비집는다

황색 냅킨을 편
가을이 눕고

초침에 매달리는 나.
어깨를 좁혀드는 지속持續의 깊이에
매몰되었던 이유를 캔다

보았는가 그대들이여
마지막 남은 햇살이
가을을 끌고 가고
은빛 실올이 캄캄한 스물한 살을 파고듦을

겨울 바다가 살아나고
설레는 초록의 뒤척임이
이마를 찔러든다
에테르를 걷는
내 부끄러움을 집어내던
이 밤의 여자가
얼어붙은 수돗가에서
푸른 얼굴을 건져내고 있다
뼈를 추스르며 돌아나는 파도에

빗발 속의 거울

가장 먼저 온 어둠이
내 속에서
구겨질 때
거울 속에서
즙기汁器를 꺼낸다

어둠 속에서 살아나는
목 쉰 함성
커튼이 흔들리고
초침에 매달려
나는 운다

밤을 거부하는
내 손이
어둠의 뼈들을 집는 문지방
햇살이 비를 맞는다

햇살을 따라가는 내 손이

빗방울에 죽는다
펄럭이는 팔이
뜰을 건너가고 물방울이
나를 따른다

이마에 꽂히는 낙뢰
머리칼이 바다를 부르며
길가로 뛰어가고
누군가 울고 있다
빗방울이 넘치는
거울 속에서

투신

1
뼈가 널린 구릉에
손들이 아마포를 펼친다
한 개의 손목마다 한 개씩의
우산
박찰 수 없는 가을비여
내가 따라가던 햇살이
푸르게 뒹굴던
동산東山을 생각하면서
너의 발목의 흰 뼈로,
돋아나는 파도를 따라
내가 간다 천둥이여

2
천둥이 뒤집어놓은 골목마다
내가 두고 온 울음을 받아든
아이가 뛰어가고
피스톤 소리가 멎었다

김 용 직

떠나간 발목들이 물들 때
누가 떨치고 간 여름 일기에
살아나는 바다를 딛고
심학규가 서 있었다
심청이가 뛰어오고 있었다

3
가을은 안으로만 메마른
손을 거두어 가고
내가 건널 수 없는
바닷가 저편
모든 것은 살아
치솟는 무지개
내가 투신할 때
하늘은 나에게도 연꽃을 줄 것인가
완강한 파도를 쳐부수면서
쓰린 등을 헹구어낸다면

바다

찢기고 있었다
소금기 서걱이는 바람으로
굳어진 방파제에서
나를 비끄러맨
시간의 둔덕에서
아프도록 손을 비벼보지만,
유년의 시간은
갈매기도 날지 않는다

가슴에 채워지는
썩은 해초의 내음으로
돌아나는 파도
속앓이하는
내 끝에 닿는
스물여섯 개의 무지개가 쓰러진 자갈밭
햇살이 식어가는
갈대밭 속에
서슬 푸른 칼이 녹슬고

부서져 넘어지는 파도의 소리침
돌아눕는 푸른 꿈에
머리칼은 희게 파열한다
술을 따르고 그물을 걷는
어부들의 손에서 퍼득이는 고기떼
그 빛나는 의지를
쓸쓸하게 죽어가는
수단과 방법을

오랫동안 건지지 못한
나는
밤 기침으로
메말라 간다

내실

잘 손질된 외출복에
별이 내린다
피 흘리는 뜰이 흔들리고
헤쳐진 흙들이
꿈틀거린다
그믐밤을 여는 밤바람이 죽었던
빗줄기를 데리고
내 속을 거닌다
잘린 손가락으로 받쳐든 거울
이 쉽게
금이 가고
싸늘한 이마를 비비며
바래버린 내 얼굴
보이지 않는 뜰에
햇살이 죽는다
밤바람에 갇혀
한없이 헤매는
아이들의 신발이 젖는다

우산이 뒤집힌다
어둡게 출렁이는
시간을 더듬는 내 손이
목질을 하고
풍경이 소리친다
내가 쓰러진다
스물네 개의 눈 속에서
썰물이 되는 바다
뼈로 암장된 해안이 드러난다
모래 위에서 꿈꾸는
장님
바람이 어깨를 조여든다
비참한 얼굴 위로
빗줄기가 기어 다니고
등 뒤에서 몸 비비는 아우성이여
익사한 어부들의 입마다
빛나는 시간이 가라앉고
밤바람이 죽었던

빗줄기를 데리고
내 속을 거닌다

램프

누구나 램프를 갖는 것은 아니지만
갈 데를 알고 켜 든
램프는 아름답다

어둠을 두드리는
북소리로야
사람들은 아는가
골목마다 풍화해간
심청이의 눈물로 뜨여 오는 바다를

떠나거라 떠나
물 위에 떠서
온갖 상처가 씻길 때
바람은 파도를 데불고
못다 이룬 검푸른 목소리로 쓰러진다지만
생목生木 울타리 새에서
꽃은 얼마나 붉어질거나
갈 데를 알고 켜 든

심청이의 램프 빛으로

너나 나나 마지막 간직한 햇살이
한밤 내 빗발에
찢길 때는

두 개의 햇살

햇살은 늘 누워 있었다
바람 부는 날은
풀잎보다 파랗게 질려
언덕배기에 등 비비다
소리치기도 했었다

하루 사이에
나보다 더 커버린 그림자 속으로
내가 몰입되어 갈 때

진하게 풀리던 대낮의 피톨 속에서
햇살은 언제나 어두웠었다
나의 발끝에서는
허나 햇살은 늘
밝게만 보였었다.

추도사

추도사 1
우시장 언저리

권 달 웅

 김형을 처음 만난 것은 노란 개나리가 지는 1967년 봄 강의실에서였다. 내가 처음 그를 본 인상은 무척 이지적이었고 눈이 서글서글하여 호감을 받았다. 군에서 제대를 하고 강의실 뒷자리에서 앉아 박목월 선생님의 강의를 듣고는 이내 집으로 돌아와 버리는 관계로 한 강의실에서 며칠을 같이 지냈으나 서로 알 리가 없었다. 윤석산 형이 중앙일보 신춘문예에 당선된 것을 알고 있었으나 그는 내가 제대를 하고 학교로 돌아왔을 때 군대에 가고 없었다. 그러던 어느 날 김형이 불쑥 나타나게 된 것이다. 그로부터 김형과 나는 학교가 파하기가 무섭게 술집을 찾아다니면서 턱없이 술만 마시면서 지내고 있었다. 학교에서 내려다보면 왕십리역을 열차가 장난감처럼 지나가고, 그 아랫길에는 허름한 술집들이 많았다. 우리는 그곳에서 자고 마시고, 마시고 자고, 술에 원수가 졌는지 술로 학기를 마쳤다. 그 무렵 김형과 나는 김형 집이 있는 마장동 우시장 부근을 배회하며 친분을 맺었다. 학점은

엉망이 되고 덕택에 김형은 졸업도 못하고 말았지만 그런 것들이 모두가 나의 잘못인 것 같아 지금은 죄스러울 뿐이다. 김형 집은 우시장 부근 철로 바로 옆에 있었다. 그 부근에는 연탄공장이 있어서 길이 온통 까맣게 보였다. 그는 내가 처음 만났을 때의 인상과는 달리 술만 마시면 자주 울었다. 어떤 때는 탄가루가 쌓인 길에서 뒹굴어 그의 얼굴과 옷이 모두 엉망이 되어 내가 낭패해 한 일도 있었다. 이유는 무엇 때문인지는 모르나 그는 늘 우울해 있었다.

이러한 관계로 하여 지금은 고인인 김형을 생각할 때 가슴 아플 뿐이다. 그가 이 세상을 떠날 때까지 갖가지 소문이 떠돌았으나 나는 그가 이 세상에서 가장 흉허물 없이 지낸 친구였고 지금 생각해보니 소중한 친구였음이 새삼스럽게 생각된다. 자신은 가난해도 남에게 가난함을 보이지 않았으며 때로 엉뚱한 거짓말을 하여 상대방을 의아하게 만들던 김형은 우울한 나날 속에서, 그러나 유일한 위안과 구원의 대상은 술과 시를 쓰는 일이 아니었나 한다. 그에게 있어서 시는 어둠을 밝히는 한 줄기 빛과 같은 것이었다. 새벽이면 우시장으로 끌려가는 황소들의 울음소리가 들렸고 이마를 부시며 지나가는 듯한 열차가 집을 흔들며 지나갔고, 그리고 생활을 이기지 못해 흔들리는 판잣집에서 그는 시를 썼던 것이다. 그의 시는 주로 어둠에 대한 추구로, 데뷔 시절부터 독특한 세계를 이루고 있었다. 그는 그 전부터 에즈라 파운드,

폴 발레리, T. S. 엘리엇 등에 심취한 탓인지 현대시의 난해성은 암시・상징에 있다며 그 난해성을 어떻게 극복할 것인가에 특히 관심을 두고 있었다. 바다를 의식의 심부로 보고 데뷔한 그의 작품「바다」는 건지지 못하는 자신을 바다에 비유하여 "찢기고 있었다."라는 일행으로 이미 바다를 압도하였다.

지금도 나는 왕십리에 가면 그와 함께 앉아 있던 술집이 생각나고 그리고 우시장이 생각나고 시꺼먼 탄가루가 생각난다. 지금 그가 살아 있다면 나는 그 누구보다도 참된 친구를 지녔다고 했을 것이다. 그가 작고하던 해에 나는 미련하게도 문단에 데뷔하였다. 그리고 데뷔 후에 처음 발표한 작품이 우시장을 소재로 한 작품이었다. 지금 내가 김형에게 무엇을 말하리. 지금도 김형을 생각하면 그 황소만 한 커다란 눈이 살아있는 나를 비관적으로 바라보는 것 같아 애석하기 그지없다.

김형,

뜻있는 분의 도움으로 펴내는 김형의 유고시집에 김형에 대한 나의 연민의 시 한 편을 써 보내니 지하에서나마 들어정을 새겨주기 바란다.

지금도 김형이 살다 간
우시장에는
말목이 나란하게 박혀 있다.
매인 끈을 위하여
말목은 박혀 있고,
갈 데를 알고
말목에 매인 황소는
눈알이 유달리 컸다.
눈알의 흰자위가
유달리 어두워 보였다.
김형, 삼대三代를 끊어버리고
어머니는 화장터에 가서
아직도 돌아오지 않고 있다.

비가 오고 있다.
서울특별시 성동구 마장동에
빨간 줄이 그어진다.
우시장 말목에
빨간 줄이 그어진다.
아무도
땅속에 묻힌 말목의 깊이를
보지 못한다, 아무도
죽음의 깊이를 만져
보지 못한다.
다만 땅위 말목만 볼 뿐이다.

-「원적지」 전문

추도사 2
두 개의 햇살

박 시 교

나는 아직도 용직이가 죽었다는 사실이 실감되지 않는다. 언제고 그는 불쑥 내 앞에 나타나리라는 생각을 지워버릴 수가 없기 때문이다. 어느 날 갑자기 그로부터 전화가 걸려오고, 그래서 우리는 시큰둥하게 만나서는 으레 하던 습관처럼 막소주집에서 소주를 홀짝거리며, 병실과 에테르와 죽음을 얘기하고, 시를 논하고, 세상을 약삭빠르게 살아가는 친구들을 욕하고, 지랄하고, 뭐하고, 뭐뭐하고, 그러고는 12시가 임박해서야 그의 빈손에 의무처럼 몇 닢의 동전을 건네고, 오줌을 갈기고, 각자 총총히 돌아설 테니까…….

병처럼 되풀이되던 우리들의 방황이, 그러고 보니 벌써 5년이 넘도록 실행되지 않고 있는 것 같다.

왜일까? 이처럼 길고 긴 연락 두절은 일찍이 한 번도 없었는데. 어디 처박혀서 너희 놈들 실컷 궁금해 하라며 그 느긋한 뱃심으로 유유자적하고 있을 거란 생각을 하니 공연히 내가 안달이 나고 아랫배가 뒤틀리는 것이 심사가 영 편치를 않다. 내가 알고 있는 한은 그가 숨어 있을 곳은 딱 두 군데밖에 없다. 이제 그의 시집이 주위 따뜻한 벗들의 정성과, 민족문학사의 보기 드문 도움으로 해서 출간된다니, 책이 나오면 그때쯤 흐릿한 기억을 더듬어 직접 그를 찾아 나서리라 생각한다.

마장동 우시장 부근의 그 판잣집, 어머니가 시장에 내다 팔기 위해 도라지를 다듬는 그 골방에 갇혀서 시를 쓰고 있다면 다행이겠는데……. 그러나 이렇게 오래 그가 그곳에서 버텨내고 있을 것 같지를 않다.

아니면, 시흥동 종점 부근에서 산비탈을 따라 한참 올라간 그 언덕배기, 몇 권의 책과 아랫도리 잠옷이 달랑 맡겨진, 40대로 두 아이의 어머니인 그 의문의 여인 집이 있기는 하다. 그러나 그곳도 그가 5년이 넘게 있을 곳은 더욱 못 된다.

망할 놈!

이러다간 내가 그로부터 지금쯤은 받아냈으면 싶은 다 헐어빠진 가죽가방하며, 술빚은 고사하고, 이미 두 번이나 부도를 낸 바 있는 첫 월급의 화려한 만찬에 영영 초대될 수 없을 것이란 사실이 더 가슴 아픈 것인지도 모른다.

그리고, 그가 우리들로부터 떠나가게 내버려둔 우리들 죄에 대해 단 한 번 변명의 기회도 주지 않은 점이 더욱 가슴 메이게 한다.

햇살은 늘 누워 있었다
바람 부는 날은
풀잎보다 파랗게 질려
언덕배기에 등 비비다
소리치기도 했었다

하루 사이에
나보다 더 커버린 그림자 속으로
내가 몰입되어 갈 때

진하게 풀리던 대낮의 피톨 속에서
햇살은 언제나 어두웠었다
나의 발끝에서는
허나 햇살은 늘
밝게만 보였었다.
　　　　　　　　　－「두 개의 햇살」 전문

　얼마 되지 않는 용직의 작품들 중에서 내가 제일 좋아하는 이「두 개의 햇살」을 읽으면서 나는 새삼 느끼는 것이 있다. 그렇다. 용직이는 "자신보다 더 커버린 그림자 속으로 몰입되어 갔음"에 틀림없다.
　두 개의 햇살 중 그 하나인 햇살에 우리는 갇혀 있음으로 해서 그가 거느린 "늘 밝게만 보이는 햇살"을 보지 못하기 때문에 용직이는 지금 우리 앞에 없는 듯이 보일 뿐이다. 역시 우리보다는 모든 걸 미리미리 깨우치고, 그리고는 그 일을 먼저 실행하는 놈이었던가 보다.

 용직아, 네 자리는 언제고 비워두마. 그리고 네 몫인 술잔을 가득 채우는 일도 잊지를 않을란다. 편안커라.

추도사 3
젊은 시인의 죽음

윤 석 산

　우리는 한 시대를 살아가면서 스스로 절망하지 않으려고 부단히 노력하고 있다. 반복되는 일상의 무료함으로부터, 극기되지 않는 사실들 앞에서 혹은 자아와 외계와의 배리背理되는 상황 속에서 스스로 절망하지 않으려고 부단히 노력하고 있는 것이다.
　1976년 1월 9일에 타계한 젊은 시인 김용직. 그는 나의 10년 가까운 친구였다. 우리가 갓 대학엘 입학하고 무언가 새로운 사실에 대하여 덧없이 솟구치던 시절, 아무런 타산도 없이 가장 순수하게 만났던 친구의 한 사람이다.
　그는 유독히 술을 좋아했었다. 한양대학교 근처 굴다리 밑에는 수십 채의 술집들이 웅크리고 있었다(지금도 여전히 술집들이 있지만). 우리는 거의 매일 그곳에 찾아가 술을 마셨다. 술값이 없는 날이면 몇 푼의 차비를 털어서라도 그곳에 들러 술을 마셨다. 그때 그곳에 모이던 친구들로서는 권달웅·조정권·신현정 들이었다. 그는 술을 마셔도 주벽은 없었다. 다만 거의 안주를 먹지 않는다는 것 외에는.

정권이나 현정이나 또 다른 친구들이 그곳에 오지 않는 날에도 그는 그곳에서 술을 마셨다. 지나가는 막벌이꾼의 노동자와 어울려서, 혹은 동네 젊은 건달패와 어울려서, 누구를 가리지 않고 어울려서 술을 마셨다. 그 누구도 그에게는 적합하고 훌륭한 술친구가 될 수 있었던 것이다. 그만큼이나 그는 술에 있어서는 솔직했었다. 우리는 그에게 고주라는 말 대신에 술에 대한 단수段數를 매겨주곤 했었다. 술에 취하여 집을 찾지 못하고 길바닥에 쓰러져 하룻밤을 지낸 경력이 있는 친구래야 비로소 술에 입단할 수 있다는 엉터리 불문율을 만들어놓고 그에게는 9단이라는 엄청난 단수를 부여하곤 했던 것이다. 그는 그러한 단수를 스스로 자인했을 뿐더러 술로 인하여 병원에 입원하여 사경을 헤매다 어느 날 문득 우리 친구들 앞에 나타나 술 9단의 실력을 여실히 과시하기도 했던 것이다.

술과 문학은 그에게 있어서 최대의 생활양식이었다. 가난과 숙환, 어쩌지 못하는 현실 속에서 술은 그에게 있어서 크나큰 위안이요 자위의 대상이었던 것이다. 술을 마시고, 좀더 깊은 절망 속을 헤엄치다 이내 깨어나 몇 줄의 시를 쓰고 또 술을 마시고, 그러던 그가 이제 술 10단이 되어 우리의 곁을 떠나고 만 것이 아닌가. 한 생애의 모두였던 그의 습작들마저 모두 불태워버린 채.

그는 술이 취하면 이내 문학을 담론하곤 했었다. 그의 문학담에는 어떠한 논리라든가 유창한 이론의 전개는 거의 없었다. 오로지 자신의 에고에 귀착되는 이야기뿐이었다. 즉 시 이외의 무엇도 자신을 지탱시키고 이끌어 나갈 것은 없다고 술 취한 사람의 넋두리같이 떠들어대곤 했던 것이다. 그러한 친구가 병상에서, 몇 장의 쓰다 만 원고지와 만년필, 몇 권의 문학잡지를 머리맡에 남겨놓고 가버린 것이다.

우리는 스스로 절망하지 않으려고 노력하며 이 시대를 살아간다. 외계의 어떠한 자극과 모멸과 역겨운 사탕발림 속에서도 스스로 절망하지 않으려고 노력하는 것이다. 그러나 이러한 우리의 노력들은 때때로 절망의 외곽外郭을 우회하고 혹은 허름한 틈을 비집고 살금살금 빠져나가는 등, 그 나름대로의 정당성을 부여한 채 살아가고 있는 경우가 허다하다. 그러나 우리의 친구 김용직은 결코 이러한 현실과는 타협하지 않았었다. 아니, 타협하고, 우회하고, 빠져나갈 만한 주변머리가 없는 친구였던 것이다. 이러한 그의 천진한 주변머리는 대인관계에서 실패를 하게 했고 가정에 불성실한 아들이게 했고, 고독했고, 철저한 자기의 성벽城壁을 구축한 채 그를 더욱더 깊이 절망시켰다. 이러한 절망을 극복하는 길은 오직 시뿐이라고 그는 굳게 고집하였던 것이다. 비록 길지 않은 생애였지만 그는 철저히 절망하면서 시작詩作을 위해 살다간 젊은 시인이었다.

추도사 4
아직도 마장동 소의 울음이 쟁쟁한데

신 현 정

故 김용직. 겨우 우리 나이 정도에 성명자 앞에 故가 붙은, 그런 친구 하나가 있다는 응당의 사실에, 오, 지금 하늘로 노란 연기 한 가닥이 오르고 있다.

용직이의 돌연한 죽음에 문득 숙연해진다. 동시대에서 만날 수 있었던 몇 가지의 죽음 중에서도 유독 용직이의 죽음에 와서 숙연해짐은 용직이가 온몸을 망가뜨리며 시를 썼기 때문이고, 기실은 용직이가 밤새워 써낸 시를 내가 잘 믿지 않았다는 데에 더 큰 죄책감을 안고 있기 때문이다.

아마 용직이는 우리가 시를 쓰고자 기고만장한 정론(?)을 펼 때 처음부터 시를 술로, 술을 물로, 물을 다시 술로 바꿀 수 있는 배짱과 난해를 가진 친구이기도 했다.

그런, 용직이의 배짱과 난해는 각각 용직이가 누가 무어라 해도 끊임없이 쉴새없이 시작詩作을 진행시켰다는 일과 함께 용직이의 詩 한 구절 말마따나 "무기질을 되씹는 허기진 사내……"와 일맥을 이루는 것이다.

방향 없었던 시절, 허나 깡마른 얼굴에 깡마른 허탈감으로 용직이의 눈은 빛나는 것이고 입가에 늘 자조 섞인 웃음을 흘리면서도 무언가 극기하는 듯한, 어찌 보면 용직이는 시신詩神에 꽉 잡힌 행복한 사나이기도 했던 것이다.

그러나 나는 왜 용직이와의 술과 술의 고통을 믿고 용직이의 시는 믿지 않은 것인가.

용직이와 나는 함께 술을 마시곤 자주 용직이의 가난한 부모가 사는 집에서 잠을 청하고는 했다.

바람이 불면 못들이 빠져 달아날 것 같은 판자벽과 기찻길을 가로지른 맞은편에 자리한 용직이의 집, 먼 등성이에 시커먼 유조탱크가 탐조등 아래 을씨년스러운, 용직이의 집에서 아무리 많은 술, 많은 예술을 게걸스럽게 먹고 게워내도 결국은 용직이네 집에서는 한 잠도 청할 수 없었던 나는 —사실 그것은 잠이 들 만하면 시간 맞춰서 오는 기차의 레일 구르는 소리가 잠의 한가운데로 달려오기 때문이었는데 그래도 용직이는 그런 매일의 밤에 시를 써댔으니 소위 용직이는 가장 큰 굉음도 수용할 수 있는 귀를 가졌었던가.

사실 용직이의 귀는 큰 편이었다. 귀가 큰 사람은 오래 산다고도 하던데……. 그러나 기찻길 옆의 판잣집에서 기적소리가 키워준 귀일 수밖에, 오래 사는 것과는 관계없던 용직이의 귀.

용직이의 온몸은 굉음이었다. 용직이의 눈빛은 그 달밤의 기차바퀴 구르는 선로의 무수한 자갈빛이었으며 용직이는 그런 굉음과 빛을 詩로 바꾸려고 무진 애를 쓴 것이다. 아니, 그 자신이 시로 태어나려고 스스로를 가난한 혁대로 옭아맸던 것이다. 가난보다도 좋은 시…….

내가 왕십리 출생이었고 줄곧 그곳에서 토박이 노릇을 한 반면, 용직이는 소시장이 있고 도수장이 있는, 왕십리 바로 윗동네 마장동에서 살아왔으니 용직이와 나는 왕십리와 마장동 아이들의 '의리'처럼이나 자주 결속하곤 했지만 역시 나는 용직이의 가난보다도 더 좋아했던 시를 믿지 않았다.

용직이의 술을 믿었다.

어느 날은 대취해서 그 바람 부는(취안醉眼에 무르팍으로) 철길을 기어 집으로 가던 용직이. 역시 나는 용직이의 시에 대해서는 한 마디도 안하겠다. 순간, 순간이 영원으로 이어지는 우주 삼라만상의 엄연한 이치라고 볼 때 용직이가 포착한 순간적인 생의 기호는 시였으며 달리 누구보다도 늦게 배우기 시작한 용직이가 또 누구보다도 먼저 시 추천을 받게 되었으니…….

시가 용직이를 구원하지는 못했을 거라는 생각이 문득 든다.

정말 시는 용직이를 구원하지 못하였을까. 마개란입魔開亂入, 마개란입魔開亂入. 정말 용직이는 무슨 세상의 꼭지를 잘못 비튼 것도 같고 무슨 세상의 술통의 마개를 잘못 연 것도 같고, 왜, 용직이는 애초에 용직이의 어머니 아버지가 가난한 그대로 마장동 우시장 패거리들과 함께 태어날 것이지 왜 시인으로 다시 태어나려고 했을까?

지금, 용직이의 퀭한 눈, 굉음이 들리는 듯한 마른 온몸, 쭈뼛쭈뼛 일어선 몇 올의 턱수염, 핏발 선 눈, 큰 귀, 새벽에 집을 나가 일몰쯤에 우시장에서 실한 뼈다귀를 물고 집으로 나타나는, 용직이네의 누렁이 같은 부재와 나타남.

또 그를 걱정했던 조정권·윤석산·권달웅 같은 백년지우들. 용직이의 시어인 밥기침, 밤바람, 그믐밤, 짤린 손가락, 이런 모든 것으로 집중해 봐도 역시 용직이는 시로서는 구원받지 못했을 거라는 생각이 문득 든다.

이제 오히려 용직이가 미지수로 남겨놓은 세월 속에서 신준호·윤석산·권달웅 등이 용직이의 유작을 정리하는 모습이 차라리 눈물겹기만 하다.

용직이가 남겨놓은 것은 세상보다 큰 공백이었다. 그리고 아직도 세상은 용직이가 먹지 않아서 술 넘치고 우리나라엔 시 넘치고 시인이 넘치고.

말목에 묶인, 마장동 소의 울음처럼 울다간 용직이를 이토록 떠받드는 몇몇 친구들의 편애는 차라리 눈물겹다.

1983.3.
너하곤 무관한 한 사람 현정이가

해설

해설 1
밤바다의 물결 소리

유 승 우

　프루스트는, 사람의 깊은 속마음을 바다에다 비유했다. 그렇다면 바다 위의 물결은 속바다의 여러 흐름을 보여주는 것이라고 할 수 있겠다. 너무 쉽게 갖다 붙인다고 하겠지만 김용직의 시를 말할 때엔, 이보다 더 좋은 비유가 없을 것 같다. 왜냐하면, 우리의 시단에서, 60년대에는 이른바 '내면세계의 표출'이라는 시의 방법론이 유행했고, 그러한 선배들의 영향을 가장 많이 받았던 시인이 바로 김용직이었기 때문이다.

　김용직의 속바다는 참 어두웠었다. 그렇기 때문에 그의 바다 위에 이는 물결도 언제나 사납게 소리치고, 성난 물결로 흔들렸던 것이다. 이러한 물결의 모습을 검은 크레파스로 그린 것이 바로 그의 작품이라고 하면 틀림없을 것 같다.

　그러면 그의 속바다는 왜 그처럼 어두웠을까? 그의 작품에서 살펴보면 그것이 환하게 드러난다. 젊은 때에 누구나 갖게 되는, 시대적 저항의식이 그의 속바다를 검게 칠하지 않을 수 없게 만든 것이라고 할 수 있다. 그러니까 시대의 어두움이 그의 속바다를 어둡게 만든 것이다. 젊은 지성의 램프를 켜 들고 커다란 시대적 어두움을 밝혀보려고 했으나, 태양이 없는 캄캄한 밤을 밝히기에는 너무나 힘겨웠던 것이다.

또 하나 그의 작품에서 찾아볼 수 있는 것은 자신의 문제로 인한 어둠의 그림자이다. 그는 젊은 나이에 불치의 병을 지니고 있었다. 끝내 그 병으로 하여 일찍 붓을 놓고 가버리게 되었지만—.

> 하늘이 뒤집히고, 대낮이 뒤챈다.
> 완강하게 소리치는 보이지 않는 힘
> 끝끝내 내가 가진 햇살이 식을 때
> 어디론가 끌려가던 머리칼을 씻으며
> 누가 내게 속삭인다. 안심해
> 안심하라고.
> —「겨울 폭우」의 첫 연

「겨울 폭우」는 그가 『현대시학』을 통해 문단에 나올 때 추천된 작품이니까 그의 출세작이라고 할 수 있겠다. 그런데 우리는 이 작품의 첫 연에서 벌써 그의 시세계의 요약을 볼 수 있다. 그는 그를 둘러싸고 있는 '하늘'과 '대낮'이 '뒤집히고' '뒤챈다'고 서슴없이 표현한다. 하늘과 대낮이 뒤집히고, 뒤채이게 되면 밝음은 사라지고, 어둠이 온 누리를 덮치게 된다는 것은 뻔한 논리의 귀결이다. 이렇게 되면 60년대의 이른바 '내면세계의 표출'이라는 시에서 상투적으로 쓰이던 '막강한 어둠'이 속바다를 붙들고 놓아주지 않게 된다. 이러한 '막강한 어둠'의 힘을 '완강하게 소리치는 보이지 않는 힘'이라고 그는 절규한다. 사실 '완강하게 소리치는' 것은 '막강한 어둠'이 아니라 이 '막강한 어둠'에 대한 젊은 지성의 절규이다. 그는 이처럼 아프게 절규하면서도 그의 속에서 불타고 있는 목숨의 불씨가 식어가고 있는 것을 느끼게 된다. 그의 가슴 속에서 식어가고 있는 목숨의 불꽃, 그것은 그의 가슴 속에서 굳어져 가고 있는 간경화라는 지병이었던 것이다. 육신을 가진 사람으로서, 그 육신을 식혀가고 있는 이 병은 오히려 그의 속바다를 어둡게 하는 더 큰 요인이 될 수 있는 것이다. 이것을 그는 "끝끝내 내가 가진 햇살이 식을 때"라는 시행으로 표현하게 된다. 그는 불안했다. 어둠에 짓눌린 그의 속바다는 불안하게 흔들리며 어디론가 끌려가는 의식을 갖게 한다. 머리칼 같은 한 올의 목숨이 저 두터운 어둠 속에 빨려드는 죽음을 의식하고 불안해한다. 그럴 땐 스스로가 스스로를 위안해줄 수밖에 없다. 아픈 외로움을 그는 느꼈을 것이다. 그는 벗들을 만나면, 먹지 말라는 술을 "괜찮아, 괜찮아"라고 중얼거리며 잘 마셨다. 이처럼 스스로가 스스로를 위로할 수밖에 없는, 처절하리만큼 아픈 외로움을 그는 "어디론가 끌려가던 머리칼을 씻으며/ 누가 내게 속삭인다. 안심해/ 안심하라고"라는 시구로 표현하게 된다. 세상이 냉정하듯이 작품은 냉정하다. 그처럼 아픈 외침이라도 작품 속에 담기면 우선 이 작품이 표현이 어떻다느니, 구성이 어떻다느니 하는 비평이나 만나게 되는 것이 상례이다. 그와 가장 가깝다는 글벗들도 아마 "네 이번 추천작 좋더라" 하며, 추천 축하 술자리를 벌였을 것이다. 그때에도 그는 "괜찮아, 괜찮아"라며 술을 마셨을 것이다. 스스로가 스스로를 향해 다짐하는 이 아픈 외로움이 "안심해 안심하라고"라는 시구로 표현되었을 때, 그는 얼마나 깊고 어두운 속바다에서 흐느꼈을까?

> 파괴된 벽을 끌어안고
> 내리꽂히는 빗발 속
> 피 흘리던 아이들이 '위독'을 알리며
> 청진기를 뒤집어놓는다.
> 마침내 내가 보고 온 해안에
> 등대마저 꺼진
> 어두운 이 시간에
> 들것에 실려 내가 간다.
> 　　　　　　　　　　　　　－같은 작품, 셋째 연

'파괴된 벽'이란 무엇일까? 전쟁이 휩쓸고 간 거리엔 파괴된 벽들만이 음산하게 서 있다. 그의 속바다는 이러한 풍경이었다. 그는 이미 싸움이 지나간 거리처럼 끝난 것이라고 느꼈던 것이다. 그런데도 세상의 인연들은 그를 살릴 수 있다고 안타깝게 빗발치고 있었던 것이다. 비는 물이다. 물은 생명을 뜻한다. 그러나 "파괴된 벽을 끌어안고/ 내리꽂히는 빗발"은 그의 어두운 내면 풍경을 더욱 무겁게 적셔줄 뿐이었다. 그래서 "피 흘리던 아이들이 '위독'을 알리며/ 청진기를 뒤집어놓는다"는 냉소적인 표현이 얻어진다. 이미 '파괴된 벽'에는 빗발도 쓸데없으며, 청진기도 쓸데없는 아이들의 장난감 같은 것이다. 그는 "마침내 내가 보고 온 해안에/ 등대마저 꺼진/ 어두운 이 시간에/ 들것에 실려 내가 간다"고 중얼거리며 절망하고 있는 것이다. 해안, 저 까마득한 뭍으로 가야겠다고, 기어이 가고야 말겠다고 어두운 밤바다의 물결은 부서지며 절규했던 것이다. 그러나 그 해안엔 등대마저 꺼지고, 그는 들것에 실려서 어둠 속으로 실려 가고 있었던 것이다. 머리칼 같은 목숨의 등대마저 꺼진 파괴된 벽인 채로 그는 스스로를 향해 안심하라고 되뇌었던 것이다.

> 그때, 푸른 종이가 어둠에 끌려간 자리에
> 유년의 풀 센 옷들을 입고
> 노엽게 번득이는 안경알이
> 깃털 뜯긴 새떼들의
> 잠을 돌아올 때
> 끝끝내 갯벌뿐인
> 바다를 내가 바라보면

치부를 들치는 차가운 손이
메스를 든다.
밤새도록 해안에 남긴 그림자가 피를 흘리고
억센 빗발로
한겨울 내 내리는 채찍 소리에
나는
빈 머리로 일어난다.
얼어붙은 12월의 그믐밤을 붙들고.
- 같은 작품, 끝부분

이 끝부분을 보면, 그의 속바다는 캄캄한 결론에 이른다. 아니 명백한 결론에 이르게 된다. '푸른 종소리'와 같은 생명의 빛은 '어둠에 끌려'가고 그 파괴된 벽과 같은 빈 자리에서 그가 보는 것은, 향수어린 눈으로 보게 된 것은 '유년의 풀 센 옷을 입은' 풋풋한 생명력이다. 그러나 이것은 어디까지나 환상일 뿐, 그는 '깃털 뜯긴 새떼'의 어둠에 묻힌 '잠'일 뿐이며, '끝끝내 갯벌뿐인' 바다를 바라보게 된다. 이런 상황에서 무슨 수술이 필요할까. 살을 자르는 메스는 '치부를 들치는 차가운 손'이 될 수밖에 없는 것이다. 캄캄한 시대에 짓눌린 젊은 지성의 속바다, 저 캄캄한 해원으로부터 등대마저 꺼져버린 해안을 향해 '안심해, 안심하라고' 중얼거리며 달려오는 물결은 그의 절규였다. '얼어붙은 12월의 그믐밤을 붙들고' '빈 머리로 일어나는' 인간 김용직의 거짓 없는 외침이었다. 그의 유작집을 읽는 이들은 그와 가까웠던 벗들일

수록 더욱 아프게 그의 소리를 들을 것이다. 그래서 김용직의 시는 '12월 그믐밤에' 다만 혼자서 바닷가를 거니는 기분으로 대해야 될 것 같다. 그래야만 그의 간절한 소리를 들을 수 있겠기에 말이다. 참말 그는 안타깝게 혼자 중얼거리고 있었다. 혼자서 스스로에게 중얼거린다는 것은 고독의 맨 끝에서 부르짖는 아픈 울음이다. 아무도 봐주지 않고, 들어주지도 않는 밤바다의 물결 소리를 생각해보라. 까딱 않고 버텨 앉은 뭍을 향해 자꾸 자꾸 기어와 머리를 깨치며, 깔깔한 "모래를 게우며 썰물이 되는 해안에/ 메스를 든 사람들이 온다"는 시구로 표현될 수밖에 없는 물결 소리, 그래서 "뼈를 추스르며 돋아나는 파도에/ 익사한 어부들의 팔목"을 혼자 바라보던, 김용직의 어둡고 외로웠던 속바다를 우리는 지금 보게 되는 것이다.

  그는 스스로 죽음의 길을 선택한 심청이를 무척 부러워하고 있다. 그의 시를 읽어보면 어디서나 심청이는 환한 등불을 켜들고 나타난다. 어둠(죽음) 속에 끌려드는 자신을 의식하면서, 그 어둠을 향해 뛰어든 심청이의 적극적인 행위를 등불로 보게 된다는 것은 당연한 심리적 귀결이다. 그는 심청을 그리워하면서 스스로 목숨을 끊어볼까 하는 생각을 했을지도 모른다. 고독의 맨 끝 골목에서 말이다.

    누구나 램프를 갖는 것은 아니지만
    갈 데를 알고 켜 든

램프는 아름답다

어둠을 두드리는
북소리로야
사람들은 아는가
골목마다 풍화해간
심청이의 눈물로 뜨여 오는 바다를

떠나거라 떠나
물 위에 떠서
온갖 상처가 씻길 때
바람은 파도를 데불고
못다 이룬 검푸른 목소리로 쓰러진다지만
생목 울타리 새에서
꽃은 얼마나 붉어질거나
갈 데를 알고 켜 든
심청이의 램프 빛으로

너나 나나 마지막 간직한 햇살이
한밤 내 빗발에
찢길 때는
─「램프」전문

누구나 심청이처럼 적극적인 선택의 램프를 켜둘 수는 없지만, "갈 데를 알고 켜 든/ 램프는 아름답다"고 그는 중얼거린다. 그러나 그는 램프를 켜 들 수가 없었다. 그것은 더욱 쓸쓸한 패배가 될 것을 알았기 때문이다. 모든 것이 풍화해 간 고독의 맨 끝 '골목'에서, 그저 "심청이의 눈물로 뜨여 오는 바다"를 부러운 눈으로 바라볼 수밖에 없었던 것이다. 그러면서도 "떠나거라, 떠나"라고 하며 그는 참말 떠나고 싶어했다. 그리고 "물 위에 떠서/ 온갖 상처가 씻기울 때/ 바람은 파도를 데불고/ 못다 이룬 검푸른 목소리로 쓰러진다지만", 그래도 "심청이의 램프 빛으로, 생목生木 울타리 새에서, 꽃은 얼마나 붉어질꺼나"라고 간절하게 그리워했다. "마지막 간직한 햇살이/ 한밤 내 빗발에/ 찢길 때" 그는 심청이의 램프 빛을 그리워했다. 사실 이것은 그의 마지막 부르짖음이며, 마지막 소원이었다고 할 수 있다. '생목生木 울타리'는 무엇일까. 살아 있는 나무의 울타리는 무엇일까. 그것은, 자신은 떠난다 해도 살아서 우리 시단의 울타리가 되어줄 글벗들이 아닐까? 그의 어두운 속바다엔 빛이 없었다. 한 오리 소망이 있었다면 자신을 아껴주는 친구들뿐이었으리라. 사랑하는 친구들의 마음 갈피에서나 자신의 시는 심청이의 램프 빛으로 붉게붉게 피어날 것을 바랐던 것이다. 그의 이 소망은 헛되지 않았다. 그를 기억하고, 그의 시를 사랑하는 친구들은 지금 우리 시단의 생목 울타리를 이루고 있으며, 그들 사이에서 그의 시는 붉게 붉게 다시 피어나고 있으니 말이다. 이번 그의 작품집은 바로 그의 소망과 친구의 사랑이 피어난

꽃이라고 보아야 하겠다.

  끝으로, 김용직은 너무 짧은 동안 시를 쓰다가 갔기 때문에, 시기를 나눌 수도 없고, 여러 작품을 다룰 필요도 없었다는 것을 밝혀둔다. 어느 작품을 놓고 보아도 같은 세계이기 때문이다. 그래서 본고에서도 두 작품만을 대상으로 그의 시 세계를 펼쳐보았다. 가장 외로웠던 그의 영혼을 하나님께서 편히 잠재워주실 것을 기도하면서-.

해설 2
찢긴 바다와 환각의 언어

이 재 복
(문학평론가 · 한양대 교수)

1. 요절의 신화화와 해석의 과잉

요절시인의 시를 읽는 일은 무척 부담스럽다. 요절이라는 그 돌이킬 수 없음에서 오는 인간적인 연민의 감정이 그렇고, 그것이 짙게 배인 시인의 언어와 정면으로 맞닥뜨려야 하는 일이 또한 그렇다. 하지만 이것은 어디까지나 도덕적인 차원의 문제에서 그렇다는 것이지 미적인 차원에서 보면 사정은 달라질 수 있다. 요절은 시인의 내적 파토스가 강렬하게 투사되는 하나의 존재론적인 사건이라는 점에서 그것은 순도 높은 미적 상징이나 이미지를 동반하는 경우가 많다. 이 말은 그 부담스러움이라는 것이 단순히 도덕적인 차원에서만 존재하는 것이 아니라는 것을 의미한다.

실제로 요절시인의 시를 읽을 때 우리가 느끼는 부담은 요절만큼 극적인 요소를 그에게서 찾아내야 한다는 강박에서 비롯된다고 할 수 있다. 이 강박은 때때로 해석 과잉을 동반하여 시인의 요절을 신화화하기에 이른다. 신화가 위험한 것은 없는 사실을 과장하거나 조작한다는 점에 있기도 하지만 그것보다 더 위험한 것은 엄연히 있는 사실을 제대로 드러나지 못하게 한다는 점이다. 신화는 언제나 수정궁 같은 견고함으로 우리의 의식을 화석화시켜 자유로운 상상이나 해석을 방해하는 것이 사실이다. 이미 신화화된 것을 깨거나 해체하는 것이 얼마나 어려운 일인지에 대해서는 여기에서 더 이상 거론하지 않아도 잘 알 것이다. 이런 점에서 볼 때 요절시인의 시에서 우리가 강조해야 할 것이 요절이 아니라 시인의 시라는 사실이다.

요절시인에 대한 해석이 도덕적인 감정의 차원으로 떨어져버릴 위험성은 김용직의 경우에도 농후하다. 시 수업에만 전념했다는 문학청년다운 기질, 지독한 가난, 60년대의 시대적인 혼돈, 원수처럼 마시던 술, 간경화, 30세의 죽음 등은 그를 신화로 만들기에 충분한 도덕적인 감정의 질료들이다. 이런 요절시인의 죽음이 산 자들에 의해 어떻게 신화화되었는지는 기형도의 예를 보면 잘 알 수 있다. 그의 3류 극장에서의 심야의 죽음은 산 자들에게는 더없이 좋은 신화의 대상이었던 것이다. 그의 죽음에 대한 과잉 해석이 기형도라는 시인을 일약 대중적인 스타로 만든 것이 사실이며, 그것을 통해 산 자들은 자신의 욕망을 여기에 투사하여 그 명예의 후광을 누려온 것 또한 사실이다. 이것은 기형도의 시를 액면 그대로 만나 그것을 평가하는 데에 일정한 장애로 작용하고 있다고 할 수 있다. 그에 대한 평가는 다른 그 무엇보다도 먼저 시에 대한 정치한 해석이 전제되어야 할 것이다. 그에 대한 평가는 이러한 신화로부터 벗어날 때만이 온전히 그 존재성을 인정받을 수 있는 것이다.

요절한 시인들의 시집은 대개 그의 유고시에 산자들에 의해 출간된다. 이 과정에서 시집 자체가 산 자들에 의해 구성된다. 요절시인의 신화화는 대개 이들에 의해 주도되며, 그 정도는 문단 권력과 비례한다. 유고시집 출간의 순수한 의도를 문제 삼으려는 것이 아니라 그 속에 내재한 도덕적인 감정의 과잉과 신화화의 욕망이 드러내는 음험함을 문제 삼으려는 것이다. 유고시집 한 권의 위력이 얼마나 엄청난 파급력을 행사해 왔는지는 윤동주나 기형도의 예를 통해 드러나지만 여기에는 일정한 신화가 내재해 있다는 것을 간과해서는 안 될 것이다. 강렬한 내적 파토스가 고스란히 투영되어 있는 요절시인의 시집 한 권이 그렇지 못한 시인의 수십 권의 시집을 압도할 수 있지만 그러나 시집 한 권이라는 사실이 가지는 어쩔 수 없는 한계는 사라질 수 없는 것이다.

김용직 시의 해석은 여기에서 출발해야 할 것이다. 그에 대한 글은 대부분 시의 해석이 아니라 인간 김용직에 대한 감정적인 추도사의 형태를 취하고 있다. 좀 더 객관적인 입장에서 그의 시에 대한 꼼꼼한 읽기가 있어야 할 것이다. 유고시집 『빗발 속의 어둠』(민족문화사, 1983)에 실려 있는 시는 모두 17편이다. 이것이 우리가 접할 수 있는 그가 남긴 시의 전부라면 꼼꼼하게 읽기는 더욱 절실하게 요구된다고 할 수 있다. 이 시집의 구성이 그에 의해 이루어진 것이 아니라는 점에서 그의 시를 다시 전면적으로 해체하여 재구성하는 것도 필요하리라고 본다.

2. 바다와 램프, 그리고 펄럭이는 커튼

김용직의 시는 이미지적이다. 이때의 이미지는 단순히 이미지만을 위해 존재하는 것은 아니다. 그의 시의 이미지에는 시인의 의식이 강하게 투영되어 있다. 시인의 의식의 심층은 몹시 어둡다. 이 어둠은 시인으로 하여금 보다 적극적으로 불빛을 찾게 한다. 이 모든 과정은 어떤 한 사물의 이미지를 통해 지배적으로 드러난다. 그것이 바로 '바다'이다. 그에게 바다는 존재의 창과 같은 것이다. 가령

> 캄캄한 날들이 커튼을 들치며
> 불 밝힌다
> 얼었던 바다가
> 일시에 풀리고
> 시린 바람에도 번득이는 어안魚眼,
>
> ─「음성」 부분

에서처럼 '바다'는 시인의 심층의 어둠과 밝음을 동시에 내재하고 있는 질료이다. 어둠과 밝음을 내재한 질료는 바다가 아니라도 수없이 많다. 그 많은 질료들 중에 왜 바다일까? 그

것은 바다가 가지는 크기 때문일까? 바다는 우리를 압도할 정도로 큰 대상이다. 너무 크기 때문에 바다는 불안과 공포의 대상이 될 수 있다. 그렇다면 바다는 시인의 심층에 내재하고 있는 불안과 공포를 표상하는 미적 질료인가?

이 물음에 대한 답은 "시린 바람에도 번득이는 어안魚眼"과 맞물려 있다. 어안은 바다 내의 존재이다. 그 어안이 번득인다면 그것은 불안과 공포 때문일까? 이 대목에서 중요한 것은 어안이 바다 내의 존재라는 점이다. 어안에게 바다는 살아내야 할 존재로서의 '바다'인 것이다. 그 바다가 어안에게 불안과 공포의 대상일 수 있다. 그러나 '어안'을 수식하는 "시린 바람에도 번득이는"을 고려한다면 그것은 불안과 공포를 넘어 어떤 대결의지 같은 것이라고 할 수 있다. 저 심층의 어두운 바다 속에 던져진 어안의 번득임은 불안과 공포로 표상되는 어둠 속으로 침잠하는 것이 아니라 그것을 넘어 그 어둠을 탐색하려는 의지를 드러낸다고 할 수 있다.

시인의 이러한 의지는 "발을 행군 새들이 나른다"로 드러나기도 하고, 또 "잃어버린 시력을 건져내며"와 "이마에 램프를 얹고"로 드러나기도 한다. 그러나 어둠을 넘어서기 위해서는 이렇게 시인의 의지만으로 되는 것이 아니라 '손으로 표상되는 숨은 신'(우대식, 『죽은 시인들의 사회』, 새움, 2006)이 존재해야 한다. 잘 보이지 않는 캄캄한 심층의 바다 속에서 램프를 켜 불을 밝히려는 시인의 의지가 그려지지만 그것은 늘 평온한 상태로 존재하는 것이 아니라 여러 겹의 불안정한 상태로 존재한다. 시인은 "부드러운 당신의 손에 쥐어"져 "햇살을 더듬"거리기도 하고 "건강한 바다에서 돌아온/ 파도들을 껴안으면서/ 가을이면 과원果園으로 가는 붉은/ 팔을 생각하"(「병동」)기도 한다. 이와 동시에 시인은

>나의 잠 속에 남아 있는
>찢긴 바다를
>
>―「병동」부분

생각하기도 하고 또

>메아리도 없는 저 벽으로부터
>끝끝내 돌아오지 못할
>이 경사의 시간
>
>―「병동」부분

을 생각하기도 한다. "찢긴 바다"는 시인의 무의식 속에 남아 있는 트라우마의 흔적을 표상한다. "찢긴 바다"는 회복 불가능한 것으로 이 경우에는 「음성」에서처럼 불안과 공포를 넘어선 대결의지를 표상한다고 할 수 없다. 여기에는 '번득임'이 없다. "램프가 꺼졌"(「변신하는 하늘」)기 때문이다. 이것은 곧 죽음을 의미한다. "뒤채"이다가 "컴컴하게 죽어 넘어지는" 바다에서 우리가 발견할 수 있는 것은 "탄화炭化되"어 가는 시인의 "얼굴"이다. 이렇게 되면 시인은 "메아리

도 없는 저 벽으로부터/ 끝끝내 돌아오지 못할" "경사의 시간"에 유폐되어 버리는 것이다. 이 순간 시인은

> 마침내 내가 보고 온 해안에
> 등대마저 꺼진
> 어두운 이 시간에
> 들것에 실려 내가 간다
> ―「겨울 폭우」 부분

과

> 치부를 들치던 차거운 손이
> 메스를 든다
> 밤새도록 해안에 남긴 그림자가 피를 흘리고
> ―「겨울 폭우」 부분

에 잘 드러나듯이 죽음의 환각을 체험한다. 시인이 자신의 죽음을 본다는 것은 일종의 자아분열증이라고 할 수 있다. 이것은 자기 자신에 대한 두려움과 공포가 최정점에 달할 때 나타나는 현상이라고 할 수 있다. 너무 두려워 어쩔 수 없을 때 갑자기 나는 메아리도 없는 벽 속에 갇히게 되는 것이다. 그것은 '어둠의 커튼'인 것이다. 시인은 자신이 '커튼에 갇혀 있다'(「커튼에 갇혀」)고 말한다. 다른 것보다 커튼이라고 하는 것이 눈길을 끈다. 그리고 그 커튼은 '펄럭인다'는 것이

다. 만일 자신을 가두고 있는 것이 벽이라고 한다면 펄럭이는 것이 가능했을까? 어쩌면 벽을 커튼으로 치환하여 그렇게 표현했는지도 모른다. 벽이든 커튼이든 펄럭인다는 것은 죽음을 의미하는 것은 아니라고 할 수 있다.

> 목쉰 소리로 살아가는
> 저 벽들의 함성.
>
> 기린 목만큼 길어지는 사념思念의 풀밭에 서러운 달빛이 서걱인다.
> 성대를 가다듬는
> 나의 염원
> 나의 소망
> 흔들리는 달빛 속에
> 내가 펄럭인다
> ─「커튼에 갇혀」부분

'커튼의 펄럭임'과 '벽들의 함성'과 '나의 펄럭임'은 동격이다. 비록 "단단한 사방 벽"(「빗발 속의 어둠」)으로 갇힌 세계이지만 나는 펄럭인다. 분명히 이 상황은 비극적이다. 아무리 펄럭여도, 아무리 "빈 방안에서 밤내 새떼"(「커튼에 갇혀」)를 날려도 그 새떼들은 방을 벗어나지 못하기 때문이다. 이것은 외적 팽창이 아니라 내적 함열(implosion)이다. 그 방안에서의 펄럭거림 혹은 파닥거림은 시인의 내면을 향해 커다란 공명을 불러일으킬 수밖에 없지 않은가? 이것은 일종의 자기공명 아닌가?

3. 빗발 속의 거울과 나르시시즘적 투신

자기공명의 비극적인 아름다움을 시인은 「빗발 속의 거울」에서

> 가장 먼저 온 어둠이
> 내 속에서
> 구겨질 때
> 거울 속에서
> 즙기汁器를 꺼낸다
>
> 어둠 속에서 살아나는
> 목 쉰 함성
> 커튼이 흔들리고
> 초침에 매달려
> 나는 운다
>
> —「빗발 속의 거울」부분

라고 노래하고 있다. 시인의 속에 존재하는 것은 "가장 먼저 온 어둠"이다. 그 어둠은 시인의 속에 '즙'의 형태로 존재한다. 어쩌면 이것은 숨이나 뼈보다 더 어둠의 실체를 고스란히 간직하고 있는 존재 양태라고 할 수 있다. 그런데 그것을

'거울 속에서 꺼낸다'. 이때 거울은 자기공명을 강화하기 위한 질료이다. 자기공명은 자기분열의 양상으로 드러나며, 거울은 자기를 삼키고 흡수한 '즙기'에 다름 아닌 것이다.

이런 맥락에서 '빗발 속의 거울'은 '빗발 속의 어둠'보다 훨씬 미적이다. '빗발 속의 어둠'은 단순하고 평면적인 의미의 층위를 드러내지만 '빗발 속의 거울'은 복합적이고 중층적인 의미 층위를 드러낸다. '빗발 속의 어둠'은 어둠이 그 빗발을 빨아들이지만 '빗발 속의 거울'은 거울이 그 빗발을 빨아들이면서 동시에 뱉어낸다. 이것이 자기공명인 것이다. 자기공명에서는 그것을 시인 자신이 끊임없이 듣고 또 볼 수 있다는 것을 의미한다. 자신의 죽음을 듣고 또 보기 때문에 비극성은 배가될 수밖에 없는 것이다. 시인이

> 이마에 꽂히는 낙뢰
> 머리칼이 바다를 부르며
> 길가로 뛰어가고
> 누군가 울고 있다
> 빗방울이 넘치는
> 거울 속에서
> 　　　　　　－「빗발 속의 거울」 부분

라고 노래할 때 "누군가"는 곧 시인 자신에 다름 아니며, 그의 모든 행동은 거울에 투영된 것이라고 할 수 있다. 그런데 그것은 "이마에 낙뢰가 꽂히는" 비극적인 장면이다. 그것을

시인은 "누군가 울고 있다/ 빗방울이 넘치는/ 거울 속에서"라고 대상화시켜 서술하고 있지만 행간에 배어 있는 의미는 간단하지 않다. 그 거울이 "빗방울이 넘치는 거울"이기 때문이다. 이러한 자신의 모습을 시인이 본다는 것은 타자화된 자신의 고통스러운 모습을 맞닥뜨려야 하는 자기애적인 슬픔이라는 비극적인 감정이 개입되는 것이다. 자기애는 타자애에 비해 훨씬 더 집착이나 고착이 강한 심리 상태이다. 타자애에도 자기애가 개입하면 그것은 곧 집착이나 고착이 되기 쉽다. 나의 욕망이 곧 타자의 욕망이라고 해버리는 것이 자기애의 속성이기 때문에 그것은 늘 사회적인 문제가 된다.

그러나 시인이 보여주는 모습은 이런 위험성으로부터 벗어나 있다. 그의 자기애가 향하는 대상이 바로 자기 자신이기 때문이다. 그는 투신投身한다. 거울 속으로. 이것은 나르시시즘이다. 거울 속에 비친 자신의 모습을 보고 그 속으로 투신하는 것이 바로 나르시시즘 아닌가? 시인의 투신은 자발적인 것이다. 여기에는 어떤 불온한 목적도 내재해 있지 않기 때문에 시인이 바라는 것은 다른 그 무엇도 아닌 바로 '연꽃'이다.

> 가을은 안으로만 메마른
> 손을 거두어 가고
> 내가 건널 수 없는
> 바닷가 저편

> 모든 것은 살아
> 치솟는 무지개
> 내가 투신할 때
> 하늘은 나에게도 연꽃을 줄 것인가
>
> — 「투신」 부분

   시인이 투신하고 하는 곳은 "바닷가 저편"이다. 그곳은 시인이 "건널 수 없"는 절망적인 거리에 있는 세계이다. 시인은 그곳을 "모든 것은 살아/ 치솟는 무지개"에서처럼 아름다운 세계로 인식한다. 어쩌면 그곳은 시인의 인식과는 달리 아름다운 곳이 아닐 수도 있다. 그곳은 시인이 닿을 수 없는 절망적인 거리의 형태도 존재하는 세계인 것이다. 이 거리는 삶과 죽음의 거리라고 할 수 있다. 그곳이 무지개가 치솟는 아름다운 곳이라고 노래한다면 그것은 자기애가 만들어낸 병적인 환상이나 환각의 세계에 다름 아닌 것이다. 그래서 시인은 "내가 투신할 때/ 하늘은 나에게도 연꽃을 줄 것인가"라고 묻고 있는 것이다. 바다에 투신해서 하늘이 연꽃을 준 이는 효녀 심청이다. 그녀의 투신은 자신이 아닌 타자(심학규) 때문이다. 그녀의 이타성에 감동하여 하늘이 연꽃을 내려준 것이다.

   그녀에 비해 시인의 투신은 이타성과는 거리가 멀다. 자기 자신의 아름다움에 반해 투신한 자에게 하늘이 감동하여 연꽃을 내려주겠는가? 시인의 의문이 여기에 있지만 그것이

가능하기 위해서는 조건이 있다. 시인이 "완강한 파도를 쳐부수면서/ 쓰린 등을 헹구어내야" 한다는 것이다. 파도를 잠재우고 바다의 쓰린 등을 헹구어낼 수 있을 때만이 하늘이 연꽃을 내려준다는 것은 시인에게는 불가능한 일이다. 시인에게 바다는 도저히 회복할 수 없는 찢긴 바다이기 때문이다. 오히려 시인의 투신은 찢긴 바다의 상처를 덧나게 할 뿐이다. 심청이가 보여주고 있는 이타성은 그런 상처를 치유해주는 한 방식이라고 할 수 있다. 이타성을 지향함으로써 자신의 욕망 충족을 목적으로 하는 동일성의 사유는 약화되고 대신 비동일성의 사유가 탄생하는 것이다.

시인 역시 이 사실을 누구보다도 잘 알고 있다. 시인은 자신이 투신하는 바다가 얼마나 어두운 곳인지를 잘 알고 있을 뿐만 아니라 그것이 회복할 수 없는 세계라는 것도 잘 알고 있다. 하지만 시인은 그 바다에 투신하여 스스로 하나의 빛으로 존재하고 싶어한다. 이런 점에서 다음 시는 주목에 값한다.

> 누구나 램프를 갖는 것은 아니지만
> 갈 데를 알고 켜 든
> 램프는 아름답다
>
> 어둠을 두드리는
> 북소리로야

사람들은 아는가
골목마다 풍화해간
심청이의 눈물로 뜨여 오는 바다를

떠나거라 떠나
물위에 떠서
온갖 상처가 씻길 때
바람은 파도를 데불고
못다 이룬 검푸른 목소리로 쓰러진다지만
생목生木 울타리 새에서
꽃은 얼마나 붉어질 거나
갈 데를 알고 켜 든
심청이의 램프 빛으로

너나 나나 마지막 간직한 햇살이
한밤 내 빗발에
찢길 때는

-「램프」 전문

 시인은 "누구나 램프를 갖는 것은 아니"라고 말한다. 그렇다면 시인은 램프를 갖고 있는가? 이 물음에 대한 답은 시 속에 명확하게 드러나 있지 않다. 다만 시인은「음성」에서 "잃어버린 시력을 건져내며/ 이마에 램프를 얹고"라고 말하고 있을 뿐이다. 이것을 '시인이 램프를 가지고 있는 것'으로 단정할 수는 없는 것이다. 더욱이 시인이 램프를 얹고 있는 것이 이마이다. 이마는 맨 처음 세계를 맞는 몸의 가장 앞쪽이다. 이런 맥락에서 보면 이 행간에서 읽어낼 수 있는 것은 램프를 갖고 싶은 시인의 어떤 의지 내지 열망이라고 할 수 있다. 따라서 그것을 갖고 있느냐 아니냐 하는 문제는 그다지 중요하지 않다고 할 수 있다. 중요한 것은 램프가 드러내는 의미이다.

  시인은 램프가 아름다운 것은 "갈 데를 알고 켜 들" 때라고 말한다. 바로 심청이가 켜 든 램프가 그렇다는 것이다. 그녀는 자신이 갈 데를 분명히 알고 램프를 켜 든 것이다. 그녀가 램프를 켜 들었을 때, 다시 말하면 그녀의 문물이 하늘에 통했을 때 비로소 바다는 "뜨이어 오는" 것이다. 그녀가 램프를 켜들면 "온갖 상처가 씻긴"다고 시인은 노래한다. 하지만 시인은 심청이처럼 램프를 환히 켜 들고 자신의 상처를 씻어낼 수 없다는 것을 잘 알기 때문에 "바람은 파도를 데불고/ 못다 이룬 검푸른 목소리로 쓰러진다지만/ 생목生木 울타리 새에서/ 꽃은 얼마나 붉어질거나"에서처럼 다소 회의 섞인 비감함을 드러낸다. 시인이 켜기를 열망하는 램프의 비극은 그가 "갈 데를 알고" 있지 못하다는 데에 있다. 메아리 없는 벽으로 둘러싸인 세계에 갇혀 있는 그가 갈 수 있는 데는 없다. 자유롭게 갈 수 있는 데가 있다면 그곳은 바로 죽음의 세계밖에 없다.

4. 두 개의 햇살과 은박과 램프의 빛

  시인은 지금 삶과 죽음이 맞닿아 있는 혹은 메아리 없는 벽으로 둘러싸인 세계의 경계에 놓여 있는 것이다. 만일 "갈 데를 알고 켜 드"는 것이 램프라면 시인에게 그 갈 데란 죽음의 세계가 되는 것이다. 심청 역시 갈 데를 알고 램프를 켜 들었기에 죽음의 세계로 갔지만 곧 감동한 하늘의 도움으로 연꽃 속에서 다시 환생한다. 하지만 시인은 심청처럼 다시 환생할 수 없다. 여기에 그의 비극이 있는 것이다. 시 속에 드러난 바다, 램프, 벽, 거울 등으로 표상되는 상징과 이미지를 통해 볼 때 시인은 죽음과 아주 가까이 있다. 한 발만 옮기면 죽음의 심연으로 빠져드는 것이다. 예민한 시인의 신경은 그것을 충분히 감지하고 있다.

    햇살은 늘 누워 있었다
    바람 부는 날은
    풀잎보다 파랗게 질려
    언덕배기에 등 비비다
    소리치기도 했었다

    하루 사이에
    나보다 더 커버린 그림자 속으로
    내가 몰입되어 갈 때

진하게 풀리던 대낮의 피톨 속에서
　　햇살은 언제나 어두웠었다

　　나의 발끝에서는
　　허나 햇살은 늘
　　밝게만 보였었다.
　　　　　　　　　　　　　－「두 개의 햇살」 전문

　시인의 예민한 촉수가 드러내는 것은 햇살의 빛과 그림자이다. 햇살이 시인의 예민한 몸과 만나면 그것은 두 개로 나누어진다. 그와 만나는 햇살은 언제나 누워 있거나 어두운 그림자로 존재한다. 심지어 "진하게 풀리던 대낮의 피톨 속에서"도 그렇다는 것이다. 그것에 대해 시인은 "소리치기도 하"고 또 그것 속으로 "몰입되어 가"기도 한다. 이것을 시인은 '두 개의 햇살'이라고 명명한다. 하나가 빛이고 또 다른 하나가 그림자라면 혹은 하나가 삶이고 또 다른 하나가 죽음이라면 이 명명은 자연스러운 것이라고 할 수 있다.

　그러나 이것을 시인처럼 예민하게 받아들이는 사람은 그다지 많지 않을 것이다. 햇살을 두 가지로 인식할 때는 주체가 이미 경계에 놓여 있다는 사실을 알게 된 후라고 할 수 있다. 경계에 놓이면 이쪽과 저쪽 사이에서 의식이 추처럼 진동해야 하기 때문에 엄청난 내적 갈등을 겪을 수밖에 없다. 시인의 죽음에 대한 예민함이 곧 삶에 대한 예민함으로 볼 수 있는 이유가 바로 여기에 있다. 이처럼 시인은 '두 개의 햇살' 속에서 살다 간 것이다. 그러나 그 햇살은 다사롭고 환한 것만이 아니다. 그것은 그 안에 어떤 서늘함과 어둠의 심연을 지니고 있는 밝은 세계이다. 그의 식으로 이야기하면 그것은 '은박銀箔'의 세계인 것이다. 이 세계 안에 시인은 갇혀 있는 것이다. 환하지도 또 어둡지도 않은 그 은박의 세계 속에 갇혀 시인이 본 것은 삶의 실상일까? 아니면 허상일까? 혹여 삶의 실상이 갑자기 빛이 바래지면서 만들어진 세계가 바로 은박의 세계가 아닐까? 이 물음에 대한 분명한 답은 알 수 없다. 다만 한 가지 이 세계가 삶 같기도 하고 또 죽음 같기도 하다는 사실이다. 저 깊고 어두운 바다 속에서 시인이 켠 램프의 빛과 은박의 빛이 서로 닮아 있다. 그는 그 속에서 그 빛으로 살다가 또 그렇게 죽은 것이다. 그가 살아낸 세계가 환각처럼 둔중하게 시 속에 가라앉아 있다. 그가 유언처럼 우리에게 말한다.

> 너나 나나 마지막 간직한 햇살이
> 한밤 내 빗발에
> 찢기울 때는
>
> ―「램프」 부분 인용

램프를 켜라고.

연 보

1945년 서울 출생.
         서울시 마장동에서 성장.
         청량공고 졸업.
1967년 한양대학교 국문학과 입학.
1970년 한양대 학술상 시 부문 수상.
1975년 간경화증으로 투병하다 이대부속병원에서 사망.
1983년 친구들이 유고시집 『빗발 속의 어둠』 출간.

참고서지

우대식, 「기찻길, 그로테스크, 투신」, 『죽은 시인들의 사회』, 새움, 2006.

요절시인 시전집 시리즈 제7권

빗발 속의 어둠

- 김용직 시집

초판 1쇄 인쇄일	2010년 12월 1일
초판 1쇄 발행일	2010년 12월 8일
지은이	이승하·우대식 편
펴낸이	정진이
총괄	박지연
편집·디자인	이솔잎·채지영
마케팅	정찬용
관리	한미애·김민주
인쇄처	월드문화사
펴낸곳	새미
	등록일 2005 13 14 제17-423호
	서울시 강동구 성내동 447-11 현영빌딩 2층
	Tel 442-4623 Fax 442-4625
	www.kookhak.co.kr
	kookhak2001@hanmail.net
ISBN	978-89-5628-547-4 *04080
	978-89-5628-281-7 *04080 (set)
가격	8,000원

* 저자와의 협의하에 인지는 생략합니다.
새미는 **국학자료원**의 자회사입니다.
잘못된 책은 구입하신 곳에서 교환하여 드립니다.